MOUM A NDONG Mohamet Jafet

CORO SCEPTIQUE

MOUM A NDONG Mohamet Jafet

CORO SCEPTIQUE

Éditions Muse

Imprint
Any brand names and product names mentioned in this book are subject to trademark, brand or patent protection and are trademarks or registered trademarks of their respective holders. The use of brand names, product names, common names, trade names, product descriptions etc. even without a particular marking in this work is in no way to be construed to mean that such names may be regarded as unrestricted in respect of trademark and brand protection legislation and could thus be used by anyone.

Cover image: www.ingimage.com

Publisher:
Éditions Muse
is a trademark of
Dodo Books Indian Ocean Ltd. and OmniScriptum S.R.L publishing group

120 High Road, East Finchley, London, N2 9ED, United Kingdom
Str. Armeneasca 28/1, office 1, Chisinau MD-2012, Republic of Moldova, Europe
Printed at: see last page
ISBN: 978-620-4-95925-2

CORO SCEPTIQUE

Mohamet Jafet

« L'expression 'coro sceptique' désigne toute personne refusant délibérément de croire à l'existence et aux ravages de la maladie à corona virus. ».

MohametJafet

AVERTISSEMENT

Les personnages de cette pièce de théâtre sont purement fictifs et les noms en langue Bafia, un des patois Camerounais.

LES PERSONNAGES

- Moudio[1] : l'intellectuel du village, fils du Pasteur du village, 1er licencié du village
- Taata Pasto[2] : Père de Moudio, Pasteur du village. Fervent propagateur du christianisme dans le village et toujours en conflit avec les traditionalistes du village.
- Ma'a Pasto[3] : Mère de Moudio, épouse du pasteur.
- Taata Rifom[4] : Chef du village
- Notable Mouthé[5] : Conseiller pessimiste du chef, fervent défenseur de la tradition.

---

[1] L'homme d'en haut
[2] Papa pasteur
[3] Mama pasteure
[4] Le chef
[5] L'homme des enfers

- Mougnol[6] : Fils de Mouthe vivant en occident bien que n'ayant pas beaucoup fréquenté l'école et amoureux de la fille de Notable Nwachéché.
- Notable Nwachéché [7]: Conseiller optimiste du chef
- Adissa[8] : Fille de Nwaachéché
- Nkibolè[9] : Larbin et espion du Chef
- Nkibooboo[10] : Le marabout du village, frère de Ma'a Pasto
- Wawel[11] : Garde du Chef
- Waazaa[12] : Garde du chef

---

[6]L'homme-fantôme
[7]L'homme bien
[8]Appellation d'Elise en Bafia
[9]Le commère
[10] Marabout
[11]Le guerrier
[12]Le bagarreur

ACTE I :

ALLONS CONVAINCRE LE CHEF

(De retour au village suite à une interruption des cours à l'université à cause d'une maladie qui frappe de plein fouet le pays, Moudio est inquiet pour l'avenir de son village. Sachant que les choses ne seront pas faciles puisque le chef est entouré des notables réfractaires aux nouvelles idées).

Scène I. <u>Le pasteur et son fils</u>

(Le lendemain de son retour au village, Moudio assis sur une chaise lisant son journal intime dans lequel il a brillamment rédiger les ravages de cette nouvelle maladie est interrompu par Taata Pasto)

Taata Pasto *(faisant le signe de croix et s'approchant de Moudio)*

- Que Dieu te bénisse mon fils !

Moudio

- Amen…. Bonjour Papa

Taata Pasto

- Bonjour mon fils, comment as-tu passé la nuit ?

Moudio

- Assez bien Papa.

Taata Pasto

- Tu m'as l'air bien soucieux, qu'est ce qui ne va pas ?

Moudio

- Mauvais est le dehors Papa. N'es-tu pas informé de la pandémie qui fait rage dans le monde entier ?

Taata Pasto

- Une épidémie ? Penses-tu que notre beau et cher village *Moumandie*[13] est menacé ?

Moudio

- Papa, je parle d'une pandémie.

Taata Pasto

- Epidémie, Pandémie.... Bref ce sont les enfants de la même famille.

Moudio

---

[13]Village imaginaire dérivant du nom Moum à Ndong

- Papa, sais-tu qu'il existe une différence entre « la même chose et la chose même » ?

Taata Pasto

- Je sais que tu es le plus instruis du village mon fils, épargne moi tes intellectualités et va droit au but.

Moudio

- Oh Papa…. En tant que Pasteur, tu as la clé de la connaissance divine dans ce village et pour aller droit au but, une épidémie est une maladie qui affecte un grand nombre de personnes dans un même lieu alors qu'une pandémie est une maladie qui se propage dans plusieurs pays ou dans le monde entier.

Taata Pasto

- L'heure est grave fiston. Mais ça n'explique pas pourquoi tu es ici en ce temps de classes au lieu de poursuivre tes études.

Moudio

- Papa, les écoles ont été fermées du primaire à l'université. Mais je suis surtout ici pour nous mettre en garde sachant que notre village est coupé du reste du pays de par son inaccessibilité.

Taata Pasto

- je vois. En passant, de quelle pandémie s'agit-il ?

Moudio

- Le Coro Coro[14]

Taata Pasto

- Coro Coro ??? Mais nous traitons le Koro Koro[15] dans ce village !!!!

Moudio

---

[14]Maladie imaginaire dérivant de la pandémie du Corona virus
[15]Appellation locale de la galle au Cameroun prononcée avec la voyelle [Ɔ]

- Non Papa, il s'agit d'une maladie respiratoire qui cause la désolation à *Mbeng*[16] , rien à voir avec le Koro koro.

Taata Pasto

- Donc tu veux dire que le Coro Coro touche aussi les blancs ?

Moudio

- Oui Papa et c'est ce qui me fait peur .Si cette maladie fait rage chez las blancs qu'en sera-t-il quand elle arrivera à *Moumandie* ? Nous serons tous exterminés.

Taata Pasto

- Que comptes-tu faire pour empêcher ce désastre mon fils.

Moudio

---

[16]Appellation locale des « pays des blancs » au Cameroun par les jeunes.

- Je suis venu persuader le Chef de mettre en place certaines mesures afin d'empêcher l'entrée et la propagation du Coro Coro dans notre village.

Taata Pasto

- Dans ce cas je t'accompagne mon fils. Allons convaincre le Chef. Mais avant, donne-moi une minute pour que je puisse enfiler ma soutane, mettre mon col ecclésiastique et me munir de mon arme de prédilection : la Bible, ainsi que mes lunettes optiques. Ces attributs augmentent ma personnalité et ma capacité de persuasion dans ce village.

(Disant ces paroles il se précipite vers sa chambre laissant Moudio seul au salon.)

(Fin de la scène).

Scène II. Le fils du Pasteur

(Après le départ de son père, Moudio seul au salon exprime son aigreur et amertume vis-à-vis des Mbenguistes puisque c'est eux les véritables agents de propagation du Coro Coro)

Moudio

- Mon Dieu… cette maladie de Coro Coro me fait vraiment peur. Quand je pense aux effets dévastateurs de cette maladie je me demande si nous allons nous en sortir. Me voici au village, obligé de fuir la ville avec tous ces *Mbenguistes*[17] qui rentre de *Mbeng* étant infectés pour la plupart.

- Les *Mbenguistes, q*ue voulez-vous vraiment ?

- Vous nous narguez ;

---

[17]Appellation locale des Camerounais vivant dans les « pays des blancs »

- Vous nous traitez de pauvres ;

- Vous dites que le pays est mauvais ;

- Vous dites qu'il n'y a pas d'avenir au pays mais curieusement vous refusez de nous faire sortir du pays disant que *Mbeng* n'est pas le paradis ;

- Quand vous venez passer les congés ici au pays, vous vous appropriez nos compagnonnes que vous léguez plus tard à la merci;

- Vous dites que vous ne pouvez vivre au pays par ce qu'il y a beaucoup de sorciers. Mais aujourd'hui puisque les carottes sont cuites à *Mbeng* vous rentrez en masse.

- Le pays autrefois sans avenir et invivable a-t-il changé ?

- Sommes-nous devenus riche ?

- Les sorciers sont-ils tous morts ?

- Vraiment restez à *Mbeng*, gérez le revers de la médaille du rêve de l'occident, ne venez pas ici propager le Coro Coro car nous souffrons déjà assez avec la misère par ci et la pauvreté par là.
- Celui de Papa *Mouthé* qui aime se vanter ici au village que son enfant est en *Mbeng* comme si nous aussi nous ne pouvons pas partir là-bas. « Mon fils est en *Mbeng*, mon fils est en *Mbeng* ». *Mbeng* de quoi ? Une tête vide qui n'a pour seul diplôme que l'acte de naissance et qui se retrouve en *Mbeng* simplement par ce qu'il est sportif alors que les intellectuels comme nous, gâchons nos talents ici au pays avec nos gouvernements de grabataires qui peinent à faire confiance aux jeunes.
- Ehhh ahhh oooooooh !!! Qui aurait cru qu'en 2020 les *Mbenguistes* perdront la valeur ? Ils ne sont plus encensés comme par le passée. On

se méfis d'eux maintenant. C'est bien fait pour eux. Maintenant. Ils sont tous confinés dès leur arrivé au pays malgré que certains haut fonctionnaires usent de leur influence pour les éviter le confinement avec comme résultat la propagation du Coro Coro.

- Je vais voir comment Papa *Mouthé* va encore se vanter dans ce village.

- Je sais que convaincre le chef de ce village de prendre les mesure drastiquement draconiennes pour bloquer le Coro Coro ne sera pas chose facile avec ce Papa *Mouthé* un « conseiller toxique » qui croit tout savoir sur tout et induit souvent le Chef en erreur.

- Heureusement qu'il y a Papa *Nwachéché* un homme compréhensif et ouvert d'esprit qui pourra pousser le Chef à prendre des mesures qui s'impose.

(Fin de la scène)

Scène III : <u>Le fils du Pasteur et sa mère.</u>

(Moudio attendant son père pour aller chez le chef est approché par sa mère qui lui fait part d'une nouvelle qu'elle croyais allait l'enchanté)

Ma'a Pasto

- Bonjour mon fils

Moudio

- Bonjour Maman

Ma'a Pasto

- Il est huit heures du matin et on dirait que tu veux sortir.

Moudio

- Bien vue Maman. Nous partons chez le Chef.

Ma'a Pasto

- Concernant cette maladie dont je vous ai entendu parler avec ton père ?

Moudio

- Oui Maman.

Ma'a Pasto

- Vous êtes sans ignorer que le Chef fait beaucoup confiance à ses conseillers ainsi qu'à mon frère ton oncle *Nkibooboo* le marabout du village.

Moudio

- Il est vraiment difficile aux habitants de Moumandie de s'arrimer aux changements.

- On préfère rester dans la tradition,

-On rejette toute initiative nouvelle,

- On veut rester statique sans avancer au nom des ancêtres.

Ma'a Pasto

- C’est notre propre, fiston car le modernisme ne profite point à plusieurs parmi nous.

- C’est la raison pour laquelle nous envoyons nos enfants à l’école pour que vous veniez développer notre petit village.

Moudio

- Maman veux-tu dire qu’avec notre culture nous ne pouvons pas développer notre village et que le salut de notre village viendra seulement de la culture occidentale ?

Ma’a Pasto

- Loin de la mon fils. Le meilleur développement est culturelle mais nous mettons plus en exergue le coté pernicieux de cette culture et elle devient à cette effet effrayante et dangereuse pour nous autres qui ne sommes pas initiés à la sagesse ancestrale. Ainsi, c’est cette croyance occidentale qui nous protège contre nos propres pratiques. Si ton père n'était pas Pasteur je parie que nous serions déjà deux mètres sous terre.

Moudio

- Je comprends maman.

Ma'a Pasto

- Mon fils j'ose espérer que la ville ne t'a pas avili avec toutes ses tendances avilissantes. J'espère que les valeurs morales que nous t'avons inculqués n'ont pas étés putréfiées.

Moudio

- Pas du tout Maman je suis resté attaché à ces valeurs car vent n'emporte pierre, ni arbre solidement enraciné.

Ma'a Pasto *(d'un ton bas commérant)*

- En passant mon fils, as-tu vus la nouvelle qui circule dans le village comme du feu sur l'herbe sèche ?

Moudio

- Apprendre ou voir une nouvelle Maman ?

Ma'a Pasto

- C'est une figure de style mon fils, ta mère est aussi une intellectuelle et ne fais pas honte à tes gros diplômes en me faisant croire que tu ne connais pas cette figure de style. Si ce n'était pour l'amour, par l'amour et à cause de l'amour pour ton père je serais peut-être la première femme ministre dans ce pays. Mais j'ai choisi l'amour et la famille au détriment d'une carrière administrative, politique ou entrepreneuriale. Mais toi mon fils après ton doctorat je vivrais mon rêve à travers toi. Je pourrais enfin me féliciter d'avoir fait de toi un intellectuel.

Moudio

- Je le sais Maman. De quelle nouvelle s'agit-il ?

Ma'a Pasto

- *Mougnol* le *Mbenguiste* est de retour au village.

Moudio *(désagréablement surpris)*

- Quoi ?

Ma'a Pasto

- Je croyais que la nouvelle allait te faire plaisir mon fils mais ce n'est pas le cas on dirait. *Mougnol* est quand même ton ami d'enfance *Moudio* !!!

Moudio

- La nouvelle est à la fois bonne et mauvaise Maman.

- Bonne dans le sens où nous remercions Dieu qu'il ait bien voyagé de *Mbeng* jusqu'à Moumandie mais mauvaise dans la mesure où il est un potentiel porteur du Coro Coro. Il est vraiment impératif que Papa et moi allions chez le Chef. Coro Coro est déjà à Moumandie.

Ma'a Pasto

- Ton histoire de Coro Coro ou de Koro Koro là.....je suis un peu perdu.

- Je vais voir ce qu'en pense ton oncle.

(Ma'a Pasto se retire laissant Moudio Seule.)

(Fin de la Scène)

Scène IV : Le *Mbenguiste* et son père

(*Après l'avoir extirpé d'un éventuel confinement dès son arrivé au pays Mougnol fait des éloges à son père)*

Mougnol *(Parlant avec un accent français)*

- Papa aujourd'hui je confirme que tu as des durs réseaux[18] dans ce pays.

Mouthé

- Oui mon fils dans ce pays on est quelqu'un derrière quelqu'un. Si ce n'était l'intervention de mon cousin le secrétaire d'Etat on t'aurait gardé avec les autres je ne sais où.

Mougnol

- Vraiment Papa.

---

[18]Appellation locale des personnalités haut placées.

Mouthé

- Dis-moi mon fils, Coro Coro dont ils parlent là c'est quoi ?

Mougnol

- C'est une maladie qui attaque *Mbeng* seulement. C'est comme la toux mais ça tue et c'est seulement les blancs que ça tue.

Mouthé

- Et pourquoi voulaient-ils te garder est-ce que tu tousse ?

Mougnol

- Pas du tout Papa.

- La vérité est que *Mbeng* est froid et le virus du Coro Coro aime la fraîcheur alors que chez nous ici il fait chaud et le Coro Coro n'aime pas la chaleur. Donc avec une température élevée, les aliments chauds et épicé, au ndjinja[19], ail, poivre de njombé-penja, ainsi que des petites décoctions contre la toux, on est totalement à l'abri du Coro Coro. Donc rien à craindre Papa.

Mouthé

- Ah bon mon fils ?

- Le Chef doit être au courant de cette bonne nouvelle. Ça veut dire que nous ne risquons rien face à cette maladie. Tu vois mon fils, dans ce village on dit qu'un arbre qui tombe et touche le sol est un arbre qui a poussé seule. Voici que toi mon fils que les autres traitent d'illettré par ce que tu n'as pas fait les longues études apporte une solution à cette maladie qui inquiète le monde entier. C'est vraiment vrai qu'un voyage vaut mieux que mille-et-un livres.

[19] Appellation locale du gingembre provenant de la mauvaise prononciation de ginger en anglais.

- Qui l'eut cru ? L'avenir de Moumandie entre les mains de l'illettré.

- Tu sais mon fils, nous avons beaucoup à nous dire mais tu vas d'abord te reposer avant le bal des mendiants.

Mougnol

- Bal des mendiants Papa ?

Mouthé

- Oui fiston, quand la nouvelle va se répandre dans le village que mon brave *Mougnol* le *Mbenguiste* est de retour, tous les villageois *Moumandai*s prendront d'assaut la cour afin de saluer le Mbenguiste et tu sais ce que saluer veut dire dans ce village.

Mougnol

- Ce n'est pas grave Papa je suis déjà habituer, c'est une source de bénédiction que de partager le peu que nos ancêtres me donnent avec mes semblables.

Mouthé

- C'est grave… Deux fois graves…..Quatre fois grave je dirais. Tu passes ton temps à partager l'argent aux inconnues alors que ton propre père en a besoin. Tu parles de bénédictions donc ne peux-je pas te bénir suffisamment detoutes les bénédictions qui existent dans les cieux, sur la terre et sous la terre?

- En tous cas je vais à la chefferie nous allons continuer cette discussion à mon retour. Repose-toi bien mon fils.

(Disant ces paroles, il claque la porte derrière lui et s'en va. Fin de la scène)

Fin de l'acte I

ACTE II :

QUE ME VAUT CET HONNEUR

(Taata Rifom n'étant pas habitué à voir le Pasteur dans sa cour suite aux divergences de pensées et d'imaginaires collectifs. Ainsi il se pose la question de savoir ce qui lui vaut la visite du Pasteur du village).

Scène 1 : **Le Pasteur et le larbin du Chef**

(A l'entrée de la cour royale, le Pasteur et son fils doivent se justifier devant le larbin du Chef qui décide de la pertinence de la visite)

Taata Pasto

- Que l'Eternel te bénisse oh toi…yeux et oreilles de sa Majesté dans ce villag e.

Nkibolè

- Qui est l'Eternel dans ce village ? Nos ancêtres ont connus *Taata Bell*[20] et ses envoyés que nous continuons d'adorer de nos jours. Toi tu nous parle de l'Eternel. Vraiment plus le temps passe, plus nos ancêtres deviennent indulgents sinon ils t'auront déjà fait payer pour

[20]Dieu en langue Bafia

le blasphème que tu profères dans ce village disant qu'ils sont des faux dieux.

Taata Pasto

- En temps de guerre contre un ennemi commun, oublions nos divergences, mutualisons nos efforts et faisons face à l'ennemi puis revenons à nos guéguerres.

Nkibolè

- De quel ennemi parles-tu ? Tu me semble sérieux M. le Pasteur.

Taata Pasto

- Je ne suis point plaisantin. Si ce n'était pas grave je ne serais venu accompagner mon fils voir le Chef.

Nkibolè

- Vous êtes sans ignorer la tradition dans ce village que les oreilles du tout puissant *Nkibolè* entendent d'abord avant celles du Chef et ce n'est pas ton fils et toi qui allez changer cela. Je vous les donne.

Taata Pasto*(Surpris)*

- Donner quoi ?

Nkibolè

- Mes oreilles M. le Pasteur. Les voici, toutes tendus, languissantes et prêtes à être pénétrées par cette nouvelle étrange dont vous tardez à satisfaire ma faim et soif auditive.

Taata Pasto

- Il s'agit d'une terrible maladie déjà aux portes de notre village.

Nkibolè

- Voila M. le Pasteur votre langue commence à se déboutonner. Je vous introduis chez sa Majesté car il sera furieux si j'en sais plus que lui.

(Fin de la scène)

Scène II : J'ai hâte de vous écouter

Nkibolè *(interrompant le Chef et ses conseillers)*

- Longue vie à sa Majesté. Désolé de vous interrompre mais vous avez des invités de marque en ce moment.

Taata Rifom

- De qui s'agit-il ?

Nkibolè

- Du Pasteur et son fils sa Majesté.

Taata Rifom

- Le Pasteur et son fils ? C'est quand le terrier du rat est inondé qu'on le voit de plein jour. Fais les entrer *Nkibolè*, j'ai hâte d'écouter ce qu'ils ont à dire.

Taata Pasto et Moudio

- Longue vie à sa Majesté.

Taata Rifom *(Tout surpris)*

- Que me vaut cet honneur ! Le grand Pasteur et l'intellectuel du village somptueusement vêtus. J'ai l'impression que cette cour est petite pour confiner le charisme que vous dégagez.

Taata Pasto

- L'heure est grave sa Majesté.

Taata Rifom

- Parle Homme de Dieu.

Taata Pasto

- Que l'Eternel nous protège sa Majesté. Notre village court le risque de dévastation.

Taata Rifom

- Dévastation ? De quoi parles-tu M. le Pasteur ? Est-ce encore tes délires sur la fin du monde ?

Taata Pasto

- Nous sommes menacés par le Coro Coro. Une nouvelle maladie qui décime les gens dans les pays des blancs.

Taata Rifom*(tout amusé)*

- Ouvrez grands les yeux Pasteur ! Nous sommes à *Moumandie*. Mais comme le souhaite la tradition dont je suis le garant installez-vous mes chères invités.

- *Nkibolè* dit à Waazaa et *Wawel* d'appeler *Nkibooboo* le marabout du villagequ'il nous dit ce qu'en pensent les dieux.

(Fin de la scène)

Scène III : <u>Le *Mbenguiste* et la villageoise</u>

Mougnol *(Frappant à la porte de Nwachéché)*

- Kock kock kock !!!

Adissa

- Qui va là ?

Mougnol (*Parlant avec l'accent français*)

- C'est le *Mbenguiste*

Adissa (*Ouvrant la porte*)

- Papa est à la chefferie, maman est allée au champ. Donc tu peux revenir plus tard.

Mougnol

- La mangue (*voulant dire la manne*) est tombée du ciel. En fait c'est toi que je voulais voir.

Adissa *(D'un air flattée)*

- Oh lala….. Mon mbenguiste de valeur !!! Que me vaut cet honneur ?

Mougnol *(employant une grandiloquence que lui seul comprend pour impressionner Adissa)*

- Ma belle… puisque les temps sont ékwaslafores et les moments sont diffosmatifs, je profite de cette opportunité pour te dire tous mes sentiments envers toi.

- Les anti-bitâtasses me piongolent le cœur. J'ai un cœur sans base et je voulais que tu le bases par un oui ou un non qui me rendra soit heureux ou malheureux.

- Ma belle j'aimerais bénéficier de ta bonacité pour te zouglanter afin que demain toi et moi ne soyons pas dupés.

- La beauté de ton corps transforme mes boyaux en pâte d'arachide car les sensations sensitives de ma sensible sensibilité sensorielle me censurent quand je me sens si seul sur ce sentier solitaire et solidaire menant vers ton cœur.

- Oh mon clair ruisseau des vallées sombres dit moi que tu ressens la même chose car durant tout ce temps passé loin de toi, mon cœur sans rancœur en toute langueur dans sa profondeur et sa largeur, battait d'un battement battant à chaque fois que je pensais à toi.

Adissa

- Waouh….. ! On sent vraiment que tu sors de *Mbeng*. Le français que tu parles est le français de France pas ce que le soit disant intello de Moudio parle ici que moi qui ne suis jamais sortie de *Moumandie* comprends sans difficultés.

Mougnol (*voulant impressionner)*

- Ce que les gens de ce village ignorent est que j'ai fait les études universitaires à Harvard en France avant de continuer à Sorbonne en Angleterre où j'ai appris la gromologie[21].

[21] « gros-mots-logie » voulant dire grandiloquence.

Quand on me traite de tête vide dans ce village j'en ris seulement.

Adissa

- Comme tu connais beaucoup les pays de Mbeng là, ça veut dire que tu connais la géographie.

Mougnol

- Géographie… Oh géographie !!! Ce cher et beau pays, je n'ai pas eu la chance de bien connaitre ce pays, mais j'y ai seulement fait escale.

Adissa (*Toute surprise)*

- Hum…

- J'ai beaucoup de choses à faire mon *Mbenguiste*. Je vais réfléchir. Le soir je te donne une réponse.

(Ils se font un câlin et se séparent).

Fin de la scène

Scène IV : <u>La femme du Pasteur et le Marabout.</u>

Ma'a Pasto *(frappant à la porte du marabout)*

- Kock kock kock… il y a quelqu'un ?

Nkibooboo

- Qui est-ce ?

Ma'a Pasto

- Ta petite sœur *Ma'a Pasto*

Nkibooboo *(tout surpris)*

- Qui vivra verra ! La femme du Pasteur, mère de l'intello du village ici chez le marabout. Je sens que la fin du monde que prêche ton mari est déjà proche. Je vous ai toujours dit de ne jamais se moquer du crocodile avant de traverser la rivière et te voici aujourd'hui chez moi pour…

Ma'a Pasto *(stoppant son frère)*

- Grand frère arrête un peu avec tes niaiseries. Je suis ici en tant que ta sœur et non pour une consultation quelconque car je crois en Dieu le père Tout Puissant, créateur du ciel et de la terre.

Nkibooboo

- Je crois en Dieu, je crois en Dieu….. Un Dieu que tu ne connais même pas. Si seulement nos ancêtres pouvaient vivre ce que nous vivons de nos jours dans ce pays avec ces religions importées. Je suis sure qu'ils se suicideraient tous que de voir le sacrilège que vous commettez dans ce village.

- En tous cas que me vaut cet honneur ?

Ma'a Pasto

- Il s'agit de ton fils Moudio.

Nkibooboo

- Qu'est-ce qui ne va pas avec Moudio ?

- Est-il malade ou a-t-il un problème mystique ?

Ma'a Pasto

- Nooooon... pas du tout d'ailleurs si c'était le cas je ne serais pas venue ici mon frère. Toi-même tu sais que je ne peux pas venir te voir pour un quelconque problème car je ne crois aucunement en toi et en tes pseudos pouvoir mystiques qui te viennent surement des esprits maléfiques.

Nkibooboo

- Alors dis moi ce qui t'emmène comme ça chez moi.

Ma'a Pasto

- Depuis son arrivée au village il parle d'une maladie qui fait rage chez las blancs et en ville et il dit que si nous ne faisons rien cette maladie pourra décimer le village.

Nkibooboo

- C’est encore quoi cette histoire de maladie ma sœur ?

Ma’a Pasto

- Il parle de Coro coro

Nkibooboo

- Ah… le Koro Koro. Cette maladie de la peau qui fait qu’on se gratte en longueur de journée et cause des blessures sur la peau ? C’est une petite maladie elle n’est plus un danger de nos jours.

- Juste une petite décoction à ingurgiter et un petit bain et hop… le tour est joué.

Ma’a Pasto

- J’ai parlé du Coro Coro et pas du Koro Koro. Le Coro Coro est une maladie un peu comme la toux mais vraiment mortelle.

Nkibooboo

- Si c'est comme la toux alors ce n'est qu'une toux nous connaissons tous ce qu'il faut faire quand on a la toux ma petite sœur.

(Pendant qu'il parle à sa sœur les gardes du Chef font irruption chez lui)

Wawel

- Grand marabout, sa Majesté en demande après vous.

Nkibooboo

- Qu'est-ce qu'il y a de si urgent brave gardes de sa Majesté.

Waazaa

- Nous n'en savons pas trop. Mais le Pasteur et son fils sont à la chefferie et ils parlent d'un certain Coro Coro.

Nkibooboo

- Ok.... Je vois.

- Petite sœur le devoir m'appel. Nous allons reprendre où nous nous sommes arrêté car on ne fait pas attendre un chef.

- On y va.

(Fin de l'acte II)

ACTE III :

LE PARLEMENT

(Réunis en conseil de sages, Taata Rifom donne l'occasion au fils du pasteur de s'exprimer au sujet de la fameuse maladie. Comme il s'était déjà attendu, sa prise de parole suscite des débats au sein du conseil)

Scène I : Le conseil des sages

Taata Rifom (*Raclant sa gorge à trois reprises)*

- Notre courroie de transmission avec les dieux de *Moumandie* étant présent, le conseil des sages de ce village vous écoute.

Taata Pasto

-Sa Majesté… le fleuve fait des détours par ce que personne ne lui montre le chemin. Notre village est menacé et mon fils que voici a un message pour nous éviter le pire.

Mouthé

- Longue vie à sa Majesté... Ceci est un affront car les œufs ne vont pas à la danse des cailloux et la poule ne parle pas des histoires de dents. De quel droit un imberbe prendra-t-il parole devant les cheveux blancs ?

Nwachéché

- Notable *Mouthé*, les cheveux blancs ne sont pas toujours signe de sagesse car même les insensés vieillissent.

Mouthé

- Sacrilège… Notable *Nwachéché* me traite d'insensé devant le fils du Pasteur. Sa majesté…

Taata Rifom *(interrompant Mouthé)*

- Assez… Ce ne sont pas vos antagonismes qui nous réunissent en ce lieu. Je donne la parole à notre digne fils n'en déplaise à certains.

Moudio *(se levant de manière circonspect pour marquer son respect aux ainés)*

- Longue vie à sa Majesté… je me réjouis de cet honneur et de cette considération à mon égard de me permettre de m'exprimer devant cette illustre cour sur un sujet d'intérêt général. Comme nous le savons tous, main seule ne peut attacher un fagot de bois, raison pour laquelle j'apporte ma modeste contribution afin que l'éléphant ne chute car quand l'éléphant trébuche, les fourmis en pâtissent et nous savons tous que même le poisson qui vît dans l'eau a parfois soif.

- Il y a une maladie appelée Coro Coro qui a commencée chez les jaunes, puis est parti chez les blancs et aujourd'hui est arrivée chez les noirs jusqu'aux portes de Moumandie si jamais elle n'est pas encore entrée.

- Votre Majesté, la pluie quand elle s'abat n'épargne pas un village par ce qu'il est petit. C'est pareil pour Moumandie qui ne saurait être à l'abri du Coro Coro de par sa taille.

- La situation est grave votre Majesté. Des personnes meurent par millier dans les pays des blancs. Il suffit juste d'un petit contact pour que la maladie se propage. Il suffit d'un éternuement pour contaminer son entourage.

- Qui l'eut cru que de nos jours il serait acceptable de faire du vent en publique que d'éternuer ?

- Votre Majesté… dommage que notre village ne soit pas électrifié. Sinon vous l'aurez vu de vos propres yeux à la télévision et entendu de vos propres oreilles à la radio, les ravages que cette maladie occasionne sur son passage tel un tsunami sorti droit des enfers.

Taata Rifom

- Un homme avisé en vaut plusieurs. Que faut-il faire mon fils pour que le fleuve ne fasse détour et que l'éléphant ne trébuche afin que les fourmis n'en pâtissent ?

Moudio

- Votre Majesté, si nous sommes incapables de fabriquer un plantoir, n'ayons pas honte de regardé les oreilles du chien. Pour éviter que notre pays en générale et Moumandie en particulier se fasse ravager par cette maladie, n'ayons pas honte de faire comme les autres pays. Certaines mesures doivent être mises en place :

- Nous devons éviter de nous serrer les mains.
- Evitez les câlins et les accolades
- Nous devons nous laver les mains avec du savon régulièrement
- Nous devons éternuer dans le pli du coude
- Nous devons respecter la distance d'au moins un mètre quand on se rassemble

- Quand nous toussons et que nous avons une forte fièvre, restons chez nous, c'est ce que les blancs ont appelés confinement.

- Votre Majesté ces gestes simples constituent ce que l'on appelle les gestes barrières et peuvent nous protéger contre l'entrée du Coro Coro dans notre village ainsi que sa propagation

Taata Rifom

- C'est tout mon fils ?

Moudio

- Oui votre Majesté.

Taata Rifom

- La force du baobab réside dans ses racines. Vous êtes mes conseillés qu'en pensez-vous de l'inquiétude de notre fils ?

(Fin de la scène)

Scène II : <u>Chocs s'entrechoquent…</u>

Mouthé (*prenant la parole*)

- Poussin dans l'œuf voit l'épervier…. Sa Majesté !

- Ce garçon n'est-il pas né de la dernière pluie ?

- Comment se fait-il que c'est notre enfant qui vienne vous dire la conduite à tenir face à une maladie qui n'affecte que les blancs.

Taata Rifom *(regardant Moudio de travers)*

- Qui n'affecte que les blancs ?

Mouthé

- Oui sa Majesté…. Tous ce que cet enfant dit ne sont que mensonges et menteries. Les jeunes de nos jours sont dotés d'un toupet remarquable qui les pousse à toujours vouloir remettre en cause l'ordre naturellement préétabli.

- D'ailleurs mon fils *Mougnol* qui vit chez et avec les blancs m'a dit que cette maladie ne touche que les blancs.

- Il m'a assuré que mille sont tombées à sa gauche et dix milles à sa droite mais il n'a pas été atteint[22], preuve que cette maladie esquive les noirs donc ce n'est pas ici à *Moumandie* qu'elle viendrait en mariage.

Taata Pasto (*amusé par Mouthé*)

- Je me réjouis de ce que l'éducation chrétienne que je lui ai inculqué ne l'a pas encore quittée. Pourquoi est-il rentré dans ce cas.

Mouthé *(courroucé par Taata Pasto)*

- Education rebelle veux-tu dire Pasteur ! Regarde le fruit de cette éducation à travers ton

[22]Allusion au Psaume 91

propre fils qui se permet de donner des conseils aux sages.

- *Taata Pasto*, tu as monté tes fidèles contre les dieux de nos ancêtres, contre l'éducation ancestrale et aujourd'hui les *Moumandais* ne fréquentent plus les lieux sacrés pour demander conseil aux ancêtres mais s'alignent devant ton église.

Nkibooboo

- Vraiment Notable *Mouthé*, les malheurs ne cessent de s'abattre sur Moumandie car les *Moumandais* n'offrent plus de sacrifices aux dieux. Ils ont faim et soif les pauvres dieux.

- Cette histoire de Coro Coro dont parle notre fils sera inévitable si nous n'offrons pas des sacrifices aux dieux de *Moumandie*. Coro Coro est la manifestation de la colère des dieux par ce que les hommes les abandonnent pour un Dieu qu'ils ne voient pas.

Taata Rifom

- Que la colère des dieux ne s'abatte pas sur nous *Nkibooboo*.

Mouthé

- Vraiment sa Majesté.

-Tant que je vivrais dans ce village, je me battrais corps et âme pour que cette église et tout ce qui va avec s'évapore de ce village et se condense ailleurs hors de *Moumandie* pour que règne à nouveau l'harmonie d'antan.

(Revenant à son enthousiasme)

- En tous cas sa Majesté, il y a des bonnes nouvelles dans l'air.

Taata Rifom

- Presse-toi d'étancher ma soif car mes oreilles se sont assécher tel un désert, à l'écoute du sort qui plane sur *Moumandie.*

Mouthé *(regardant Moudio et son père)*

- En passant, mon fils que beaucoup traitent d'illettré dans ce village ; sur la base de l'expérience de ses nombreux voyages, m'a dit que cette maladie ne peut survivre chez les noirs car la chaleur tue rapidement le virus responsable du Coro Coro.

- Il affirme aussi que Coro Coro est comme une toux donc nous devons beaucoup boire de l'eau chaude salée au kanwa[23], du jus de gingembre chaud mélangé à l'ail et au citron, du miel mélangé au citron, du jus de gingembre pimenté

[23] Appellation local du natron

ainsi que du kinkéliba, de l'huile de neem et boire le jus des feuilles de neem chaud.

Moudio

- Aussi vrai qu'un tronc d'arbre dans une rivière, ne se transformera jamais en crocodile peu importe le nombre d'année; un illettré reste un illettré peu importe le nombre de voyages qu'il a effectué ou le nombre des pays des blancs où il a séjourné.

- Pensez-vous que les blancs n'ont pas de citron, de natron, d'ail, de miel, de kinkéliba ou de neem ? Loin de là. Ils ont toutes ces choses mais le Coro Coro n'est pas qu'une simple toux.

- De quelle chaleur parlez-vous Papa *Mouthé* ? Ne savez-vous pas que la température interne de l'homme est de 37°C peu importe la température environnante ?

- Si le Coro Coro peut vivre dans le corps humain, ce ne sont pas les températures de 32 à 35°C des zones tropicales qui vont empêcher sa survie chez les noirs.

- Votre Majesté, Papa *Mouthé* affirme que son fils est de retour des pays des blancs et je suppose qu'il n'est pas encore entré en contact avec beaucoup de villageois car il est un potentiel porteur du Coro Coro.

Nwachéché

- Je veux comprendre mon fils. Donc avec le Coro Coro devons-nous abandonnés nos us et coutumes qui renforcent notre solidarité et notre fraternité comme se serrer la main et se faire des accolades ?

Mouthé

- Pour une fois je suis d'accord avec toi Notable *Nwachéché*. Cette enfant est en train de nous demander d'abandonner notre culture, cet héritage à nous léguer par nos aïeux.

Taata Rifom *(se faisant une image mentale)*

- Quand-ils entrèrent dans la nasse, les poissons se concertèrent !

- Nous allons dans tous les sens mes chers.

- Nous faisons face à une menace commune et pour réconcilier, nous n'avons pas besoin d'un couteau pour dichotomiser mais d'une aiguille pour coudre.

Moudio

- Papa *Nwachéché*, la vie ne vaut-elle pas mieux que les accolades et les poignées de main ?

- C'est gestes n'ont jamais constitués un danger dans notre village mais pour la survie du village face au Coro Coro ne pouvons-nous pas sacrifier ces gestes juste le temps des temps mauvais ?

Nwachéché

- Tu parles comme un sage mon fils.

Mouthé *(tout révolté)*

- Jamais, jamais, au grand jamais…. Un enfant ne peut venir dans notre chefferie, remettre en cause nos coutumes et notre éducation et est traité de sage.

- Au cours élémentaire, nous avons été enseignés qu'il faut utiliser un mouchoir ou nos mains pour tousser ou éternuer. Un enfant se pointe et nous intime l'ordre de tousser ou éternuer dans le pli du coude et on trouve ça normal?

- Il va même jusqu'à nous inciter à confiner nos semblables. Fils de Pasteur !!! Mais où est l'amour du prochain?

- Vraiment notable *Nwachéché*, votre manque de perspicacité va croissant.

Nkibooboo

- Je suis d'accord avec toi Notable *Mouthé.*

- Que le père convainc les *Moumandais* que nos ancêtres sont des faux dieux : c'est une chose.

- Que le fils vienne entériner l'œuvre du père en voulant nous séparés des choses qui nous lient à nos ancêtres ça jamais.

- Coro Coro dont il parle n'est qu'une toux et en tant que marabout de ce village j'ai le traitement à n'importe qu'elle toux : sèche, humide, maigre ou grasse.

- Je fais entièrement confiance à un illettré qui a vu le Coro Coro de ses propres yeux qu'un soi-disant intellectuel qui en a entendu parler.

Taata Rifom

- Je vois que vous êtes engagés à dichotomiser qu'à concilier.

- Je me dois de faire confiance à mes notables

- Je me dois de prendre en compte la menace.

- Mes dieux.... Lourde est la tête qui porte la couronne.

- Puisque la voie du milieu est difficile à emprunter, je vous propose de rentrer et revenir demain car la nuit porte conseil.

Moudio

- Votre Majesté, nous sommes sans ignorer que qui remet à demain trouve malheur en chemin. L'heure est grave Majesté et nous ne pouvons pas remettre à demain.

Taata Pasto

- Sa majesté... dans la mythologie Grecque quand les hommes ne trouvaient pas de solution aux problèmes, ils se séparaient en disant la nuit porte conseil. Or, la nuit ne portait point conseil mais leurs femmes.

- Que de remettre à demain sa Majesté séparons-nous, consultons nos femmes et revenons à la tombée de la nuit.

Nwachéché

- Je trouve cela raisonnable Majesté.

Mouthé *(de plus en plus scandalisé)*

- Qui vivra verra. Tous nos secrets mis à nus devant un enfant. Ce conseil a perdu sa valeur.

Taata Pasto *(d'un ton ferme*)

- Assez notable *Mouthé.*

- Nous allons nous séparer et nous retrouver à la tombée de la nuit.

- *Nkibooboo*…va consulter les dieux et reviens nous dire ce qu'ils en pensent.

(Fin de l'acte III)

ACTE IV :

LE JUSTE MILIEU

(Après des débats sans solutions, Taata Rifom propose de se séparer et de se retrouver à la tombée de la nuit. De retour chez lui, Taata Pasto expose la situation à Ma'a Pasto qui lui propose un stratagème pour trouver le juste milieu...)

Scène I : La « nuit » portait vraiment conseil

Ma'a Pasto (*accueillant son mari)*

- Bonne arrivée mon père. Comment se sont passées les échanges au conseil des sages?

Taata Pasto

- Nous avons plutôt assistés à des chocs d'idées.

Ma'a Pasto

- Choc d'idées ?

Taata Pasto

- Oui ma mère : conflits générationnels, chocs religion et tradition, d'éducation chrétienne et ancestrale… Le plus important étant relégué au dernier plan.

Ma'a Pasto

- Où est *Moudio* ?

Taata Pasto

- Il est allé voir de ses propres yeux si *Mougnol* est vraiment de retour.

Ma'a Pasto

- Un vrai obstiné ce garçon, il tient ça de son père.

- Qu'avez-vous pris comme décision au sorti du conseil des sages.

Taata Pasto

- Nous nous sommes séparés pour nous retrouver au coucher du soleil.

- Je ne sais que faire pour convaincre le Chef.

Ma'a Pasto

- J'ai une idée mais je ne sais pas si tu vas l'accepté.

Taata Pasto

- Je t'écoute ma mère.

Ma'a Pasto

- Tu sais que *Nkibooboo* le Marabout est mon frère et que le Chef l'écoute religieusement.

Taata Pasto

- Je le sais.

Ma'a Pasto

- Je sais que religion et tradition ne font pas bon ménage mais pour éviter la noyade, parfois on s'accroche à la queue du serpent.

- Mieux se fier à un démon qu'on maitrise qu'a un ange qu'on va apprendre à connaitre et dans le cas d'espèce l'ange en question est l'ange de la mort.

- Je te propose de rencontrer Notable *Nwachéché* et de partir chez *Nkibooboo* lui proposer de l'argent afin qu'il dise au Chef que les dieux de Moumandie sont d'accord avec la position de Moudio.

Taata Pasto *(impressionné)*

- Les voies du Seigneur sont impénétrables. C'est à travers l'astrologie condamnée par Dieu, que les rois mages ont été mis au courant de la naissance du fils de l'homme.

- La nuit portait vraiment conseil. Merci ma mère pour cette matoiserie au profit de la survie de notre village.

- Nous partons immédiatement chez *Nkibooboo* avant qu'il ne se rende au lieu sacré.

- Que l'Eternel nous pardonne.

(Fin de la scène)

Scène II : <u>Les dieux ont parlés</u>

(Réunis en conseil de sage à la tombée de la nuit pour la décision finale)

Taata Rifom

- Une fois de plus bienvenu à vous. J'ose espérer que nous nous réunissons ce soir dans un esprit de conciliation après un moment de réflexion supposant que « l'après-midi a portée conseil ».

- Je donne la parole à notre fils.

Moudio *(faisant étalage de son intellectualité)*

- Votre Majesté… vue toutes les vues visibles, et constatant tous les constats constatable et constatés faisant montre de l'indécrottabilité de certains de nos garants de la tradition, vous serez surpris par la surprise qui va vous surprendre quand je vous dirais que je ne ferais plus d'envolées oratoires insipides à leurs yeux, mais me plierais à la décision des dieux de ce village qui ne souhaitent que notre bien.

Mouthé (*impressionné)*

- Tu commences à devenir sage mon fils.

Taata Rifom

- Décision très sage mon fils. Ecoutons maintenant la voix des dieux.

Nkibooboo *(se levant et prenant la parole après une minute de silence)*

- Les dieux de Moumandie ne sont pas du tout content… pas du tout. Ils se sentent délaissés par leurs enfants.

- Mais dans leur magnanimité légendaire et leur philanthropie infinie, ils ont décidés pardonner nos erreurs et nos éloignements.

- C'est pourquoi dans le but de nous préserver des ravages du Coro Coro dans notre village, les dieux nous recommandent de suivre à la lettre, je dis bien suivre à la lettre les mesures proposées par notre fils.

Mouthé (*tombant des nues)*

- Les dieux sont tombés sur la tête !!! C'est quoi cette mascarade ?

Taata Rifom *(tout furieux)*

- Quel hurluberlu[24] !!! Vas-tu aussi contester la décision des dieux ?

- D'ailleurs il m'a été rapporté par mon fidèle larbin que ton fils présente les signes du Coro Coro et qu'il serait entré en contact avec la fille de *Nwachéché* et qu'en ce moment les deux tourtereaux seraient en pleines péripéties derrière la maison de mon notable.

Nwachéché

---

[24]Personne qui parle ou agit avec étourderie ou brusquerie

- Malchance !!!

Taata Rifom

- *Wawel* et *Waazaa* !!! Allez m'attraper ce fils de *Mouthé* et sa compagne et confinez les dans la cellule de la chefferie.

- Commencez d'abord avec *Mouthé* puis qu'il a été en contact avec son fils. *(Aussitôt dit aussitôt fait)*

- Nous allons faire venir un médecin dans ce village pour les dépister ainsi que tout le village et nous dire la conduite à tenir.

- *Nkibooboo* va annoncer à la place publique qu'à partir de demain:

  - Plus de poignées de main
  - Plus d'accolade
  - Le lavage des mains est désormais obligatoire avec du savon régulièrement
- Les personnes suspectes seront confinées.

- Les rassemblements sont formellement interdits.

- Tout ceci jusqu'à nouvel ordre. Les dieux ont parlés.

(Fin de la scène)

Scène III : A quelque chose…. Malheur est bon.

Moudio

- Waouh… quelle journée Papa.

Taata Pasto

- Vraiment… une journée pas comme les autres.

Moudio

- Je me réjouis du fait que tu ais accepter emprunter la voie du milieu avec oncle *Nkibooboo* et Papa Nwachéché pour pouvoir convaincre le Chef de croire en l'existence du Coro Coro.

Taata Pasto

- Je me réjouis du fait que grâce à toi Moumandie pourra faire face au Coro Coro et que les coro-sceptiques ont étés mis hors d'état de nuire.

Moudio

- A l’échelle globale, Coro Coro a restructuré les comportements en bien et en mal.

Taata Pasto

- Que veux-tu dire mon fils

Moudio

- Maintenant les parents sont les enseignants de leurs enfants car les écoles sont fermées.
- Les regroupements sont interdits
- Les accolades et poignées de mains prohibées
- La méfiance règne entre les hommes ; tout le monde suspecte tout le monde.
- On a même peur d’aller au travail
- Même ton église Papa doit fermer.

Taata Pasto

- Je sais mon fils, la loi est dure mais c’est la loi. Que trouves-tu de bien dans tous ce que tu as cité ?

Moudio

- Papa… le Coro Coro nous enseigne que la vie n'est rien… tout est vanité.

- Que l'argent ne fait pas le bonheur.

- Qu'être riche n'est plus une priorité, mais que vive la santé.

- Que nous sommes égaux devant la mort : riches comme pauvres, blancs comme noirs, présidents comme paysans, ministres comme chômeur… la mort n'a pas d'amis.

- Grâce au confinement, les liens familiaux se sont resserrés.

- Les familles se retrouvent autour des tables physiques et non virtuelles comme c'était le cas avant.

- Les comportements déviants à l'instar de la prostitution et l'alcoolisme vont décroissants.

- Les mariages qui battaient de l'aille suite aux infidélités se consolident dans le confinement.

- Dans notre pays papa, il a fallu que Coro Coro surgisse avant qu'on sache ce qu'est l'enseignement en ligne et à distance.

Taata Pasto

- Dans ce cas je confirme le proverbe qui dit : « à quelque chose malheur est bon ». Que Dieu protège Moumandie.

Moudio

- Ah oui Papa…quelque part l'humanité est tentée de penser que Coro Coro serait la manifestation de la colère et du châtiment de Dieu contre la perversité à outrance des humains.

- Quoi qu'il en soit, loin d'être un mythe Coro Coro est une réalité et les coro-sceptiques en paient le prix.

- Protégeons notre Moumandie, Protégeons nous, protégeons nos semblables, protégeons la terre entière contre Coro Coro en respectant les gestes barrières.

- Tout sera bien qui finira bien.

FIN

Table des matières

Printed by Books on Demand GmbH, Norderstedt / Germany